AF382890

# LE MANAGEMENT PAR OBJECTIFS

## Maximiser les performances de votre équipe

Par Renaud de Harlez
Sous la direction d'Anne-Christine Cadiat

50MINUTES.fr

# LE MANAGEMENT PAR OBJECTIFS

- **Dénomination(s) ?** Management par objectifs (MPO) ou *Management by Objectives* (MBO), management par projets, direction par objectifs
- **Usage(s) ?** Le modèle est utilisé dans le monde de l'entreprise par les DRH (directeurs des ressources humaines), les directeurs des ventes, les managers opérationnels, les chefs de projet, les consultants internes ou externes, etc. Il permet notamment :
  - aux managers de fixer des objectifs de résultats précis dans des tâches à réaliser au sein de l'entreprise, d'analyser les résultats et d'attribuer des récompenses en conséquence ;
  - aux collaborateurs de se fixer pour eux-mêmes des objectifs de performance.
- **Raison(s) de son efficacité ?** Ce type de management est efficace, car il fixe un cadre à partir duquel le manager peut négocier avec

le salarié, définir le cap et fixer les objectifs à atteindre. Il apporte de la clarté à l'ensemble de la ligne hiérarchique de l'entreprise. De plus, dans ce système, lorsque l'employé se voit confier, avec son accord, des objectifs plus complexes, cela débouche sur un niveau de performance toujours supérieur à celui des individus ayant reçu des objectifs plus faciles.

- **Mots-clés ?** Management, objectif, pratiques managériales

Le management par objectifs est né dans un contexte de croissance économique. Jusqu'alors peu organisées, de nombreuses entreprises américaines connaissent à partir de 1950 expansions et décentralisations. Cela nécessite de revoir leur organisation.

Le processus du MPO est établi par l'Américain d'origine autrichienne Peter Drucker (théoricien du management, 1909-2005), alors qu'il observait l'organisation d'entreprises telles que General Motors. En 1954, il fait paraître l'ouvrage *The Practice of Management* dont l'un des chapitres, *Management by Objectives and Self Control*, livre une première définition du principe. Quinze ans plus tard, John Humble (consultant anglais) apporte également sa pierre à l'édifice en proposant une méthodologie du MPO.

Enfin, Octave Gélinier (économiste français, 1916-2004) propose sa propre version du MPO : la Direction Participative Par Objectifs (DPPO). Il l'articule autour de trois éléments, à savoir les objectifs, les structures et les procédures participatives. Le MPO prend alors une réelle dimension de système de management et non de système d'organisation.

## Définition

Le management par objectifs (MPO) est le processus par lequel un responsable hiérarchique et ses collaborateurs définissent des objectifs et négocient les moyens et les délais requis pour les atteindre.

Le MPO est un outil à disposition des managers qui leur permet de fixer un cadre de négociation avec le salarié. Il est mis en place afin d'accroître les performances d'une organisation en transformant des objectifs collectifs en objectifs spécifiques et précis, tant pour les unités organisationnelles que pour les individus. Les résultats sont régulièrement analysés et des récompenses sont attribuées en conséquence. Seul processus de management permettant une véritable responsabilisation des individus, le MPO permet à ces derniers de se prendre en charge et d'organiser leur travail comme ils le souhaitent. Ainsi, puisqu'ils ont pris part à la définition des objectifs, ils sont plus motivés et veillent à remplir leur(s) mission(s).

# THÉORIE – PRÉSENTATION DU CONCEPT

## QUI L'UTILISE ?

Des managers au directeur général – dans différents domaines de gestion, du marketing à la finance en passant par la production et les ressources humaines –, tout responsable peut mettre en place un management par objectifs au sein de son organisation. Comme nous l'indiquions dans l'introduction, le MPO est le processus par lequel un responsable hiérarchique et ses collaborateurs définissent des objectifs et négocient les moyens et les délais requis pour y parvenir.

Apparu sous l'impulsion des travaux de Peter Drucker, le MPO et son utilisation varient beaucoup en fonction de l'auteur qui le conceptualise.

Deux visions se dégagent :

- Le MPO peut être interprété de manière « technocratique », en se concentrant sur des objectifs financiers. Tous les regards sont alors focalisés sur le chiffre d'affaires, sur les coûts ou sur un budget à respecter. Chaque département se voit fixer des objectifs chiffrés à atteindre. Lorsqu'un de ces objectifs n'est pas respecté, la faute en incombe aux responsables – dans ce cas précis, ce sont les managers et la direction générale qui utilisent le MPO – sans que les objectifs premiers ne soient remis en cause. Ceux-ci peuvent par exemple être établis au même moment que la confection du budget : chaque département se voit alors attribuer des objectifs précis à atteindre et sera évalué au bout d'un laps de temps prédéfini (par exemple, tous les trimestres).
- la seconde vision des MPO est centrée sur la relation managériale. Elle consiste à mettre en place un moment formalisé entre les managers et leurs collaborateurs. L'enjeu des MPO dans ce cadre n'est ni d'établir des objectifs ni de dresser un bilan. Ces deux paramètres

sont plutôt un prétexte utilisé pour évaluer le travail effectué entre le manager et ses collaborateurs. Dans ce cas-ci, l'application des MPO est confiée à la direction des ressources humaines, qui ne se base pas sur des objectifs précis à atteindre. Les entretiens, organisés bilatéralement, constituent un moment privilégié pour discuter des objectifs attribués aux collaborateurs, objectifs qui ne sont d'ailleurs pas imposés au vu de la stratégie globale de l'entreprise comme dans la première vision. Ils sont fixés selon les points forts et les points faibles des collaborateurs. Tout repose sur le dialogue.

## QUELLE VISION DU MPO FAVORISER ?

Doit-ton privilégier la planification financière ou la relation managériale ? Si ces deux visions ne sont pas incompatibles, il est cependant difficile d'appliquer les deux à la fois. Le MPO est avant tout un outil mis en place pour des acteurs – managers, directeur général, directeur exécutif. Et c'est à ces acteurs de faire le choix de la vision du MPO qu'ils veulent privilégier.

# À quoi ressemble un programme de MPO ?

Quatre ingrédients composent un programme de management par objectifs :

- (A) une validation des objectifs spécifiques ;
- (B) une prise de décision participative ;
- (C) une durée d'application précisée dès le départ ;
- (D) une évaluation (feedback) des performances à mettre en place.

En guise d'illustration, intéressons-nous à une entreprise qui désire étendre ses activités.

- Des objectifs spécifiques et précis doivent être établis (A) afin de rencontrer cette demande. Dans le cas d'un aéroport, le programme de MPO pourrait par exemple déterminer qu'il est nécessaire d'augmenter le nombre de clients de 3,5 % alors que le nombre de portes d'embarquement passera de 12 à 14 dans le courant de l'année, et de relancer l'activité cargo de l'aéroport en achetant deux nouveaux bâtiments et en rénovant cinq avions plus anciens.

- La prise de décision doit être participative (B). Les managers des différents départements de l'aéroport décident ensemble des buts à atteindre et du temps imparti pour les réaliser.
- Les managers estiment alors que, pour remplir les objectifs cités précédemment, il leur faudra trois ans. La durée d'application est ainsi arrêtée dès le départ (C).
- Enfin, pour ce programme, il est nécessaire de prévoir une évaluation (D) des performances par rapport aux objectifs. Les directeurs de l'aéroport vont organiser des réunions avec leurs managers alors que ces derniers rencontreront de leur côté les employés de leur département. Ce bilan ne s'effectue pas uniquement à la fin du temps imparti pour réaliser les objectifs définis. En effet, les managers et les employés doivent régulièrement recevoir des objectifs précis pour mesurer et contrôler leurs actions. Des réunions d'évaluation sont organisées afin d'analyser la progression du programme et de récolter les avis des chefs et de leurs subalternes. Des récompenses peuvent également être attribuées à l'issue de ce feedback.

## Le programme du MPO

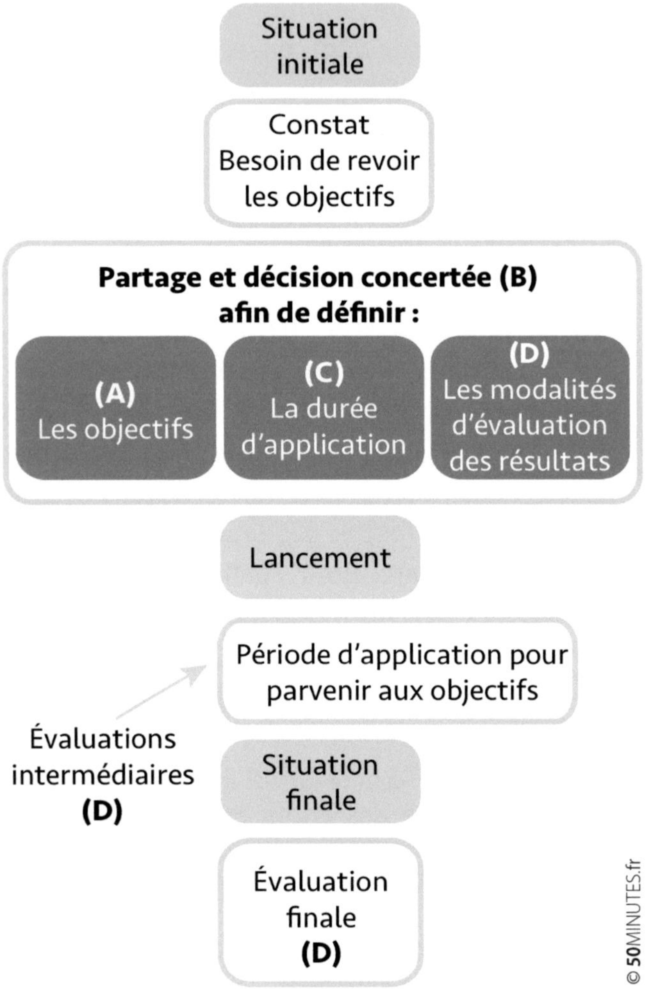

# CE SYSTÈME EST-IL RÉELLEMENT EFFICACE ?

Répondre à une telle question n'est pas chose aisée. De nombreux ouvrages mettent en lumière des avis divergents à ce propos. Cependant, la plupart s'accorde sur le constat suivant : l'application du MPO peut avoir un effet positif sur les performances des travailleurs à certaines conditions.

Il est nécessaire que les travailleurs acceptent les buts recherchés. Si cette condition est respectée, fixer des objectifs plus élevés débouche toujours sur des performances supérieures à celles d'individus ayant reçu des objectifs plus faciles. Même si les personnes ayant accepté ces missions ne les honorent pas toujours, celles-ci engendrent fréquemment un niveau de performance plus élevé. Pour parvenir à ce résultat, trois paramètres doivent être pris en considération :

- **la nécessité du feedback**. Pour améliorer les performances, un feedback efficace doit être transmis en temps et heure à la personne concernée. Il permet de mesurer et de se rendre compte des efforts déployés par l'individu, mais également d'ajuster le niveau de difficulté – trop élevé ou trop bas – des objectifs.

- **la participation**. Les objectifs fixés en concertation avec les personnes les accomplissant sont-ils plus souvent remplis que lorsque c'est la direction qui les impose ? Aussi surprenant que cela puisse paraître, les études montrent qu'il n'existe aucune différence entre les deux cas. Qu'ils aient été décidés en concertation ou imposés, les objectifs amènent des degrés de réalisation similaires. Pour ce point, la participation n'est pas un facteur déterminant. Le principal est que les personnes acceptent les objectifs fixés et non qu'ils participent à leur définition. Malgré tout, il est nécessaire de préciser que définir des objectifs en concertation permet aux individus de se mettre eux-mêmes au défi et parfois de se fixer des objectifs supérieurs à ceux envisagés par la direction.
- **une implication des dirigeants**. Il est également nécessaire que les dirigeants de l'entreprise s'impliquent dans ce processus, afin de permettre aux managers en charge des départements de se voir accorder toute la confiance nécessaire pour les réaliser.

# LA PLACE DES COLLABORATEURS DANS LE MPO

Vous l'aurez compris, pour augmenter les performances d'une entreprise via le MPO, il est nécessaire que le personnel accepte les objectifs fixés. Il est également impératif que les managers en charge de chaque département expliquent clairement les tâches à effectuer et contribuent à leur réalisation. Fixer ces objectifs constitue une compétence managériale de premier plan et, pour y parvenir, il est nécessaire de respecter certaines étapes.

## Que faire ?

Chaque employé se voit attribuer des tâches et des objectifs à remplir. La répartition de ceux-ci peut se faire en fonction des qualifications de l'employé par exemple.

## Comment stimuler les employés ?

Il est avant tout nécessaire d'établir le niveau de performance de l'individu à ce poste. Ensuite, il convient de fixer la cible qu'il doit atteindre et d'établir le temps qui lui est imparti pour réaliser ces objectifs. Le manager doit alors analyser sur des bases réalistes les délais nécessaires à leur concrétisation.

## Faire participer l'employé activement

Même si le précédent chapitre nous a appris que le niveau de performance des employés ne varie pas selon que les objectifs soient imposés par la direction ou décidés en concertation, faire participer l'employé à leur mise en place présente un avantage : il les accepte plus facilement. Néanmoins, cette participation se doit d'être sincère. Si un manager prend la peine de consulter l'employé pour établir les objectifs, il lui faudra réellement tenir compte de son avis. Le cas contraire pourrait nuire aux performances de ce dernier.

## À chaque objectif ses priorités

Il est nécessaire d'établir une hiérarchie dans les objectifs fixés et ainsi de les classer par degrés de difficulté et d'importance afin de motiver les travailleurs à agir de façon ordonnée. Cela permet d'une part d'éviter que certains s'approprient uniquement les objectifs faciles, délaissant les points les plus importants du plan fixé, mais également d'autre part de repérer parmi les employés quels sont ceux qui se lancent dans les missions les plus compliquées (même si finalement, les objectifs ne sont pas tout à fait atteints).

## L'incontournable feedback

Régulièrement, des réunions doivent être organisées entre les individus et leur supérieur afin d'évaluer le travail déjà réalisé. De cette manière, les employés peuvent savoir si les efforts qu'ils ont fournis sont suffisants par rapport aux exigences qui leur sont fixées.

## La récompense finale

En échange de leurs efforts, les employés sont assez logiquement en attente de récompenses. Il est cependant important de leur faire comprendre que ces récompenses sont directement liées au nombre d'objectifs atteints et ne se mesurent pas uniquement au nombre d'heures prestées. Le niveau de satisfaction des employés aura tendance à augmenter en procédant de la sorte.

# LIMITES DU MODÈLE ET EXTENSIONS

## LIMITES ET CRITIQUES DU MODÈLE

- **Incertitude du secteur.** Le MPO connaît certaines limites lorsqu'il est appliqué à un secteur trop instable, car la mise en place du modèle se complexifie à tel point qu'il en devient inefficace. Les domaines liés à la créativité – l'innovation, la recherche et développement, la production artistique, etc. –, par exemple, sont plutôt incompatibles avec le modèle, car il est difficile d'en définir les objectifs. Un chercheur peut-il réellement organiser ses recherches en fonction d'objectifs à atteindre ? Compte tenu de son travail, cela semble peu pertinent.
- **Évolution des structures de travail**. L'entreprise écarte petit à petit les systèmes d'organisation traditionnels : les travailleurs deviennent plus polyvalents, ils dépendent de plus en plus des autres dans les objectifs qu'ils ont à remplir, ils sont désormais rattachés à

plusieurs unités de l'organigramme organisationnel, etc. Ces changements mettent en péril le MPO puisque le travailleur n'est plus rattaché à un seul manager – le lien hiérarchique n'est plus unique et les objectifs ne sont plus fixés par une seule personne, ce qui complexifie énormément l'utilisation du MPO.

- **Évolution de l'environnement de travail**. Notre société a connu de nombreuses évolutions depuis les années qui ont vu naître le MPO. À sa création, les managers élaboraient des plans à long terme, persuadés de l'arrivée de jours meilleurs – d'où des plans systématiquement trop optimistes. En outre, entre-temps, les crises se sont multipliées (ex. : les crises de l'énergie au début des années soixante-dix ou la crise financière de 2009). Des évolutions, parmi lesquelles on compte de nombreuses avancées technologiques, sont également venues bouleverser l'ordre des choses, et donc les prévisions des managers, dont les plans établis à l'avance ne tenaient plus la route dans un environnement totalement différent.

Au-delà des limites structurelles du processus, le MPO a ses détracteurs. C'est le cas de William

Edwards Deming (physicien et statisticien américain de formation, 1900-1993). Selon lui, l'application du MPO a un impact négatif sur la qualité du travail des employés qui y sont soumis. L'employé cherche en effet à tout prix à accomplir la mission qui lui est attribuée, sans pour autant l'accomplir de manière qualitative. D'autres affirment que si le MPO peut stimuler l'accomplissement personnel, il n'est pas forcément bénéfique au travail d'équipe : le travailleur peut trop se braquer sur le travail qu'il a à accomplir et reléguer au second plan les objectifs généraux de l'entreprise.

En pratique, il est possible de remédier à certains de ces problèmes. Les managers doivent, pour ce faire, insister sur la qualité à apporter au travail réalisé. Par exemple, un vendeur de voiture ne doit pas uniquement s'intéresser au nombre d'unités vendues, mais également à la vente de modèles hauts de gamme. Ainsi, pour éviter les dérives, les responsables doivent en permanence vérifier l'activité et réviser les objectifs au cas où ceux-ci perdraient de leur pertinence.

# EXTENSIONS ET MODÈLES CONNEXES

## Les objectifs SMART

Il s'agit davantage d'un moyen mnémotechnique que d'une réelle extension du modèle du MPO. Pourtant, la méthode SMART est fréquemment utilisée par les managers pour mener à bien la gestion de leurs projets. Elle peut d'ailleurs être intégrée à un management par objectifs. Un objectif comprend un indicateur qui permet de mesurer la performance individuelle et collective. Cet indicateur de performance doit être spécifique, mesurable, atteignable, réaliste et délimité dans le temps. En d'autres termes, un objectif doit être SMART (Spécifique, Mesurable, Ambitieux, Réaliste et inscrit dans le Temps).

## Management participatif

Cette conception du management va à l'encontre de la vision scientifique du travail et de sa vision étriquée de l'être humain. Le management participatif se construit autour de l'idée que le travailleur n'est pas qu'un outil, mais bien un sujet psycho-affectif. L'entreprise est également un lieu où naissent des représentations sociales. Les théoriciens de cette école affirment l'importance de développer la « dimension humaine de l'entreprise ». C'est la naissance des cercles participatifs, ou encore des boîtes à idées. Ce qui se cache derrière cette évolution n'est autre que le fait qu'un dirigeant parvient d'autant mieux à atteindre ses objectifs s'il implique son équipe dans ceux-ci. Pour soutenir cette organisation, des principes liés au management équitable doivent être utilisés.

## Management équitable

Le principe du management équitable est fondé sur l'équilibre entre la performance économique et le respect de l'individu. Cette conception vise à instaurer une relation gagnant/gagnant entre le patron et le collaborateur. En optant pour ce type de management, l'entreprise souhaite mettre en place une dynamique collective ambitieuse et porteuse de sens, basée sur une organisation claire, adaptée, cohérente et évolutive. L'avantage principal de cette conception est qu'elle permet de déployer l'énergie et les talents de l'équipe. Les relations interpersonnelles sont quant à elles fondées sur le respect mutuel et la reconnaissance, et non sur un principe hiérarchique. Enfin, le management équitable favorise une gestion proactive et performante du changement et un comportement éthique et citoyen.

## Management par les valeurs

Ce type de management est né avant l'apparition du MPO. Il est en quelque sorte la théorie qui accompagne la notion de culture d'entreprise. Il est important de comprendre que ce type de management n'est pas mis en place dans le but de changer les valeurs d'une entreprise, car il n'est pas question ici de modifier la culture d'une entreprise. Au contraire, le principe fondateur du management par les valeurs est d'utiliser la culture de cette entreprise afin d'améliorer ses performances.

## Management par les compétences

Comme son nom l'indique, ce type de management se fonde sur les compétences des individus pour piloter l'entreprise, sans pour autant les gérer ou les développer. Ainsi, il est demandé à chaque employé de développer un ou des comportements particuliers pour le bien de la structure qui l'emploie. Le but de cette démarche est de renforcer le capital humain de l'équipe, ce qui implique un travail en ressources humaines de qualité – la mise en valeur des compétences propres à chaque employé pour le bien de l'équipe.

# MISE EN PRATIQUE DU CONCEPT

## CONSEILS ET BEST-PRACTICES

Ce chapitre regroupe l'ensemble des étapes à mettre en place pour appliquer efficacement le processus du management par objectifs. Des exemples concrets de son application illustrent chaque étape.

### La formulation de l'objectif

Cette première étape consiste à décrire le résultat concret à produire et à prévoir le moyen d'évaluation qui permettra de mesurer et de vérifier si l'objectif initial est atteint. À ce stade, les réponses aux trois questions (qui, quoi et quand) alimentent la réflexion.

Exemple :

- Qui ? Un site de commande de plats en ligne
- Veut quoi ? Augmenter sa clientèle de 15 %
- Pour quand ? D'ici un an

## Spécification de l'objectif

L'objectif précédemment cité va ensuite être affiné, en précisant notamment les moyens d'action, les outils et les supports à mettre en œuvre pour y arriver. Un ou des responsables sont alors désignés pour atteindre le(s) objectif(s), et des échéances intermédiaires sont fixées.

Exemple : notre site de commande de plats en ligne décide d'utiliser la publicité sur Internet pour atteindre son objectif.

- Un responsable est désigné pour suivre l'achat d'espaces publicitaires sur plusieurs sites dépendants de Google.
- Une première évaluation des résultats est prévue à la fin d'une période de trois mois.

## Six critères pour s'assurer de l'exactitude du plan

Lors de la définition des objectifs, il est impératif de respecter six critères :

- la lisibilité ;
- la pertinence ;
- la mesurabilité ;

- l'échéance ;
- la faisabilité ;
- l'acceptation.

Exemple : dans le cas de notre entreprise, le responsable du département publicité devra se poser toutes les questions suivantes.

- Le résultat attendu est-il concret, identifiable, compréhensible et laisse-t-il place à l'interprétation ?
- Est-il utile pour la politique de l'entreprise, cohérent avec les autres décisions ?
- Intègre-t-il des indicateurs de mesure qui le rendent contrôlable ?
- L'échéance dans le temps est-elle précisée par une date exacte à laquelle il faudra avoir atteint l'objectif ainsi qu'une échéance pour la réalisation de chaque moyen d'action ?
- Les moyens d'actions intermédiaires (phase de spécification) sont-ils suffisamment précis, les responsables ont-ils la capacité de les réaliser ?
- Les personnes chargées de la réalisation de l'objectif sont-elles réellement d'accord ?

Le contrôle de ces principes s'effectue par deux moyens principaux : la régulation du processus et la mesure du résultat.

Une fois toutes ces questions posées, le manager en charge du projet contacte son équipe pour organiser des réunions afin de stimuler la prise de décision participative. Dans le cas de l'entreprise précédemment citée, des réunions seront organisées avec l'ensemble de l'équipe marketing. Chacun pourra dès lors s'exprimer sur sa propre vision du plan mis en place. Il est important à ce stade de ne pas négliger l'impact de ces réunions, car le manager qui les aura organisées et préparées avec sérieux attend de réelles retombées qui puissent compléter le plan élaboré par l'entreprise.

## Le feedback

Ce feedback ne doit pas uniquement avoir lieu à la fin du temps imparti pour réaliser les objectifs. Des réunions d'accompagnement peuvent être programmées tout au long du processus afin de se rendre compte de la faisabilité des objectifs fixés en fonction de la charge de travail que les employés peuvent assumer.

Exemple : les réunions intermédiaires sont organisées entre le manager en charge du projet de publicité et les autres directions. Elles vont leur permettre, notamment, de juger si les moyens alloués au département sont suffisants pour réaliser les objectifs qui lui ont été fixés.

## Les récompenses

Si le travail réalisé est de bonne qualité, il peut être récompensé. En outre, il est important que l'employé, à qui ont été attribués des objectifs, se rende compte que cette récompense est directement liée à leur réalisation.

## ÉTUDES DE CAS

Prenons comme exemple la stratégie d'application du MPO, et du management en général, dans trois entreprises aujourd'hui mondialement connues. Vous verrez que ces conceptions peuvent largement changer selon la manière dont les managers de ces entreprises s'approprient les théories liées au MPO.

## Apple

Sur la période 1997-2011, lorsque Steve Jobs (1955-2011) dirigeait Apple, sa stratégie organisationnelle reposait essentiellement sur une forte centralisation de l'information. Tout le monde recevait ses ordres d'une même et unique personne, qui faisait circuler l'information comme elle le désirait. En termes de MPO, les objectifs sont donc fixés par une personne qui répercute ses demandes à chacun de ses managers :

- les objectifs des managers, qui dépendent directement de la personne située en haut de la pyramide hiérarchique, sont imposés par leur supérieur ;
- les employés, eux, suivent les ordres de leur manager.

Les managers bénéficient de peu de liberté dans le choix des paramètres à respecter pour appliquer leurs objectifs.

Cette méthode a prouvé son efficacité, mais surtout sa rapidité. Lorsqu'une erreur se manifeste :

- le patron peut rapidement détecter le secteur dans lequel celle-ci s'est produite ;

- l'impact sur le comportement des employés de différents départements est direct : ce genre d'événement façonne la culture d'entreprise et force les employés à fournir des produits finis exemplaires.

Pourtant, le modèle connaît ses limites. Il est par exemple difficile pour la personne dirigeant l'entreprise de gérer chacun des aspects de celle-ci, surtout lorsque les produits proposés sont variés. Preuve en est que tous les produits d'Apple n'étaient pas de même qualité : l'Apple TV première génération ou encore MobileMe sont par exemple moins aboutis que d'autres produits de la firme.

## Google

La méthode Google, pionnière du « Management 2.0 », propose un mode d'application du MPO bien différent de l'exemple précédent. La firme a toujours été réputée pour sa politique de recrutement qui favorise fortement les universitaires, ses créateurs, les ingénieux informaticiens Larry Page et Serguéï Brin, tous deux nés en 1973, étant eux-mêmes des chercheurs. Pendant tout un temps, le critère de recrutement majeur de l'entreprise était la possession d'un doctorat, ce qui garantissait une grande autonomie de la part de l'ensemble des employés. En effet, les chercheurs ont l'habitude de travailler seuls, et ce tout en restant très productifs. Le système de Google s'avère donc beaucoup plus décentralisé que la plupart des autres entreprises : au lieu de reposer sur une ligne hiérarchique, il se base sur un grand nombre d'individualités. Sous certains aspects, ce système a été très efficace, car il a permis à Google de développer de nombreux services comme Gmail ou Google Reader. Le besoin d'organisation générale et hiérarchique y est moins grand, car le système se base sur la capacité de chaque individu à se fixer ses propres objectifs.

Encore une fois, ce système a ses défauts. L'entreprise peu centralisée, sans direction coordonnée, en perpétuel mouvement et réduisant les efforts consentis au néant, peut se transformer en monstre sans tête. Dans le cas qui nous occupe, les limites se sont notamment fait ressentir :

- dans l'avancement de certains projets de l'entreprise. Certains services connaissaient par exemple un manque d'interlocuteurs clairement définis et semblaient s'éparpiller.

- lorsque l'entreprise a grossi et qu'il a fallu revoir le système d'organisation en conséquence. Depuis, Google arrête de ne recruter que des doctorants et les méthodes de management ainsi que la façon de fixer les objectifs de l'entreprise ont changé.

# EN RÉSUMÉ

- Le management par objectifs (MPO) est le processus par lequel un responsable hiérarchique et ses collaborateurs définissent des objectifs et négocient les moyens et les délais requis pour les accomplir.
- Ce concept est né dans les années cinquante, alors que les entreprises américaines avaient de grandes difficultés à mettre en place une organisation claire en leur sein.
- Ouvrages de référence : Management by Objectives de Peter Drucker, *Management by Objectives in Action* de John William Humble et *Direction participative par objectifs* d'Octave Gélinier.
- Avantage : si le MPO est correctement appliqué, il permet d'accroître les performances d'une organisation et la satisfaction des employés.
- Inconvénient : ce type de management est difficile à appliquer dans un milieu trop instable et connaît des difficultés pour s'adapter aux évolutions du monde du travail.

- Extensions : modèles SMART, management participatif, management par les valeurs et management par les compétences.
- Conseils : suivre la méthode SMART : l'objectif doit être Spécifique, Mesurable, Ambitieux, Réaliste et inscrit dans le Temps.
- Le MPO s'adresse aux directeurs des ressources humaines (DRH), aux directeurs de ventes, aux managers opérationnels, aux chefs de projet, aux consultants internes ou externes, etc.

*Votre avis nous intéresse !*
*Laissez un commentaire sur le site de votre*
*librairie en ligne et partagez vos coups de cœur sur*
*les réseaux sociaux !*

# POUR ALLER PLUS LOIN

## SOURCES BIBLIOGRAPHIQUES


- ALEXANDRE-BAILLY (Frédérique), BOURGEOIS (Denis), GRUÈRE (Jean-Pierre), RAULET-CROSET (Nathalie), ROLAND-LÉVY (Christine) et TRAN (Véronique), *Comportements humains et management*, 4e édition, Londres, Pearson, 2013.

- DELAVALLÉE (Éric), « Management par les objectifs », in *Manager par les Objectifs. Comprendre et dépasser le management par les objectifs*, consulté le 25 juin 2014.
  http://www.manager-par-les-objectifs.fr/

- DRUCKER (Peter), *The Practices of Management*, New York, Harper & Row, 1954.

- GÉLINIER (Octave), *Direction Participative Par Objectifs*, Paris, Éditions Hommes et techniques, 1980.

- GUILBERT (Pierre), *Le B.A.-Ba du management*, Bruxelles, De Boeck, coll. « Le Management en pratique », 2008.

- HUMBLE (John Wiliam), *Management by objectives in action*, London, New York, McGraw-Hill Book Co Ltd, 1970.

- « Management d'entreprise : trois exemples que tout oppose », in *De geek à directeur technique*, consulté le 25 juin 2014. http://www.geek-directeur-technique.com/2012/07/04/management-dentreprise-trois-exemples-que-tout-oppose

- PERICCHI (Jacques), *Guide du Management*, Paris, Édition du Seuil, 1992.

- ROBBINS (Stephen) et DECENZO (David), *Management. L'essentiel des concepts et des pratiques*, Londres, Pearson Education, 2004.

- RODGERS (Robert) et HUNTER (John E.), « Impact of management by objectives on organizational productivity », in *Journal of Applied Psychology*, vol. 76 (2), avril 1991.

- STAHL (Robert), *Management, formation et travail en équipe. Pratiques issues du coaching et de l'intelligence collective*, Bruxelles, De Boeck, coll. « Le Management en pratique », 2013.

ISBN ebook : 978-28062-6945-4
ISBN papier : 978 28062 6946 1
Dépôt legal : D/2015/12603/413
Photo de couverture : © Lisiane Detaille

Conception numérique : Primento,
le partenaire numérique des éditeurs